A wonderful book

For children who understand

English and/or Spanish

Un libro maravilloso

Para niños que entienden

inglés y/o español

*****

For my mother, Rose Sklar

and for my daughters, Danielle and Jamie

Para mi madre, Rose Sklar

y mis hijas, Daniella y Jamie

Elaine Davida Sklar (playwright, lyricist, producer, director, and educator) was the Director of The Greenwich Repertory Theatre and Director for The Connecticut Playmakers. Ms. Sklar served as Drama Chairman for The Masters School in New York and founded The Children's Theatre Workshops. She holds a bachelor's degree in Speech and Communication from The University of Michigan, and a master's in education from Manhattanville College. Elaine created the musical, Bully No More! published by Tams-Witmark and Concord Theatricals. Ms. Sklar co-wrote a musical rap adaptation of William Shakespeare's Twelfth Night with Bob Zaslow and wrote the book for the new blues/pop musical, Delilah Sky, with award-winning Nashville composers, The Twangtown Paramours. Elaine Davida wrote two bilingual, children's, English-Spanish books, Good News! Grandma's Back and Gimmee! Gimmee! Gimmee! She is the author of a new murder mystery novel edited by Mary Cole of Andrea Brown Literary Agency and The Good Story Company. Ms. Sklar directed Stop The World, I Want To Get Off! You're A Good Man, Charlie Brown, The Mousetrap, Gypsy, Prisoner of Second Avenue, The Seven Year Itch, Sweet Charity, 50 Years of Music, John Wayne's Movie Has Been Canceled, Two For The Seesaw, Bells Are Ringing, and The Wizard of Oz. Elaine Davida co-wrote the Pick A Perfect Party Series with Jayne Brug Callahan. Elaine lives in Vermont where she is a Founder of The Spruce Peak Performing Arts Center.

Elaine Davida Sklar (dramaturga, letrista, productora, directora y educadora) fue la directora del Greenwich Repertory Theatre y dirigió para The Connecticut Playmakers. La Sra. Sklar se desempeñó como presidenta de teatro de The Masters School en Nueva York, y fundó The Children's Theatre Workshops. Tiene una licenciatura en Oratoria y Comunicación de la Universidad de Michigan y una maestría en Educación de Manhattanville College. Elaine creó el musical, Bully No More! publicado por Tams-Witmark y Concord Theatricals. La Sra. Sklar coescribió una adaptación musical de rap de Twelfth Night de William Shakespeare con Bob Zaslow, y escribió el libro para el nuevo musical de blues y pop, Delilah Sky, con los galardonados compositores de Nashville, The Twangtown Paramours. Elaine Davida escribió dos libros infantiles bilingües inglés-español: ¡Buenas Noticias! La Espalda de la Abuela, y ¡Dame! ¡Dame! ¡Dame! Ella es autora de una nueva novela de misterio y asesinatos editada por Mary Cole de Andrea Brown Literary Agency y The Good Story Company. La Sra. Sklar dirigió ¡Detengamos El Mundo, Quiero Bajarme! Eres Un Buen Hombre, Charlie Brown, La Ratonera, Gitano, El Prisionero de La Segunda Avenida, La Picazón de Los Siete Años, Dulce Caridad, 50 Años de Música, La Película de John Wayne Ha Sido Cancelada, Dos Para El Balancín, Las Campanas Suenan, y El Mago de Oz. Elaine Davida coescribió Pick A Perfect Party Series con Jayne Brug Callaban.
Elaine vive en Vermont, donde es fundadora del Spruce Peak Performing Arts Center.

Children's book 2025

How I Helped My Grandma Rose

Cómo Ayudé A Mi Abuela Rosa

Copyright © 2024 by Elaine Davida Sklar

No part of this book may be reproduced or transmitted in any form or by any means, electronic or mechanical, including photocopying, recording, or by any information storage and retrieval system without permission in writing from the publisher

ISBN #979-8-329446-88-3

All Rights Reserved

First Printing

Elaine Davida Sklar

Danielle is only seven years old but surprises her entire family with her amazing detective skills. Every Sunday, she visits Grandma Rose who is always smiling, baking cookies, and telling jokes. On one visit, Danielle finds Grandma Rose is unable to do anything because of her bad back. Through careful detection, clever Danielle discovers the cause of her grandmother's backache.

Translated into Spanish

Daniela tiene sólo siete años, pero ella sorpende a toda su familia con su increíble abilidad cómo detective. Todos los domingos, Daniela visita a su abuela Rosa, quien siempre sonríe, hace galletas, y cuenta chistes. En una de sus visitas, Daniela se da cuenta de que su abuela Rosa no puede hacer nada debido a un dolor de espalda terrible. Deduciendo cuidadosamente, Daniela descubre la causa del dolor de espalda de su abuela.

Traducido al inglés

I am only seven years old, but I am a smart detective
and a clever doctor.
I will tell you why this is true.

*****

Yo tengo solamente siete años, pero soy una detective inteligente y una doctora lista. Yo les diré porqué esto es verdad.

Every Sunday, I visit my grandma Rose with my parents.

*****

Todos los domingos, visito a mi abuela Rosa con mis padres.

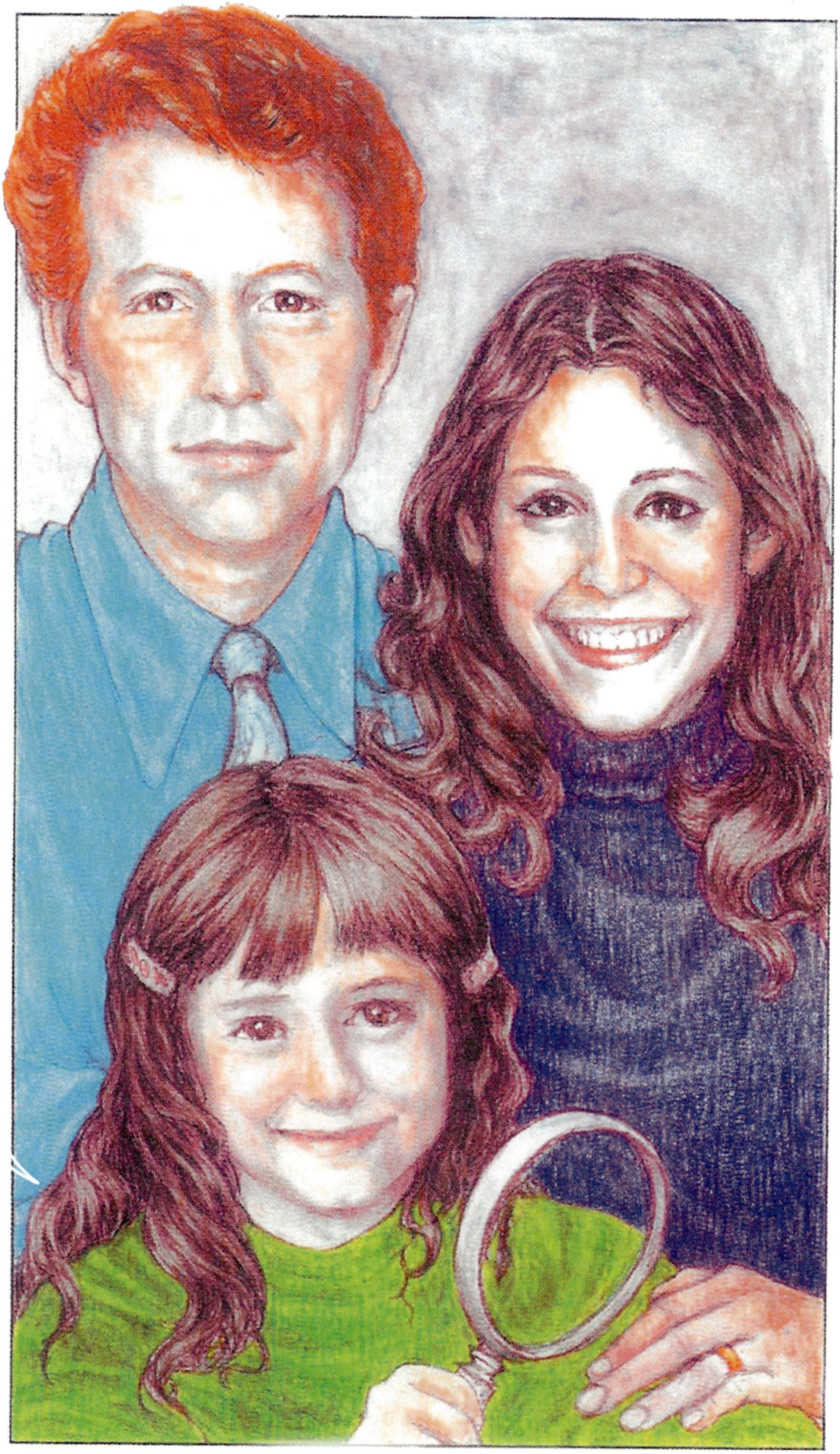

My grandma Rose is a happy lady. She always smiles at me. She gives me delicious cookies and chocolate milk.

*****

Mi abuela Rosa es una señora feliz. Ella me sonríe siempre. Ella me da galletas deliciosas y leche con chocolate.

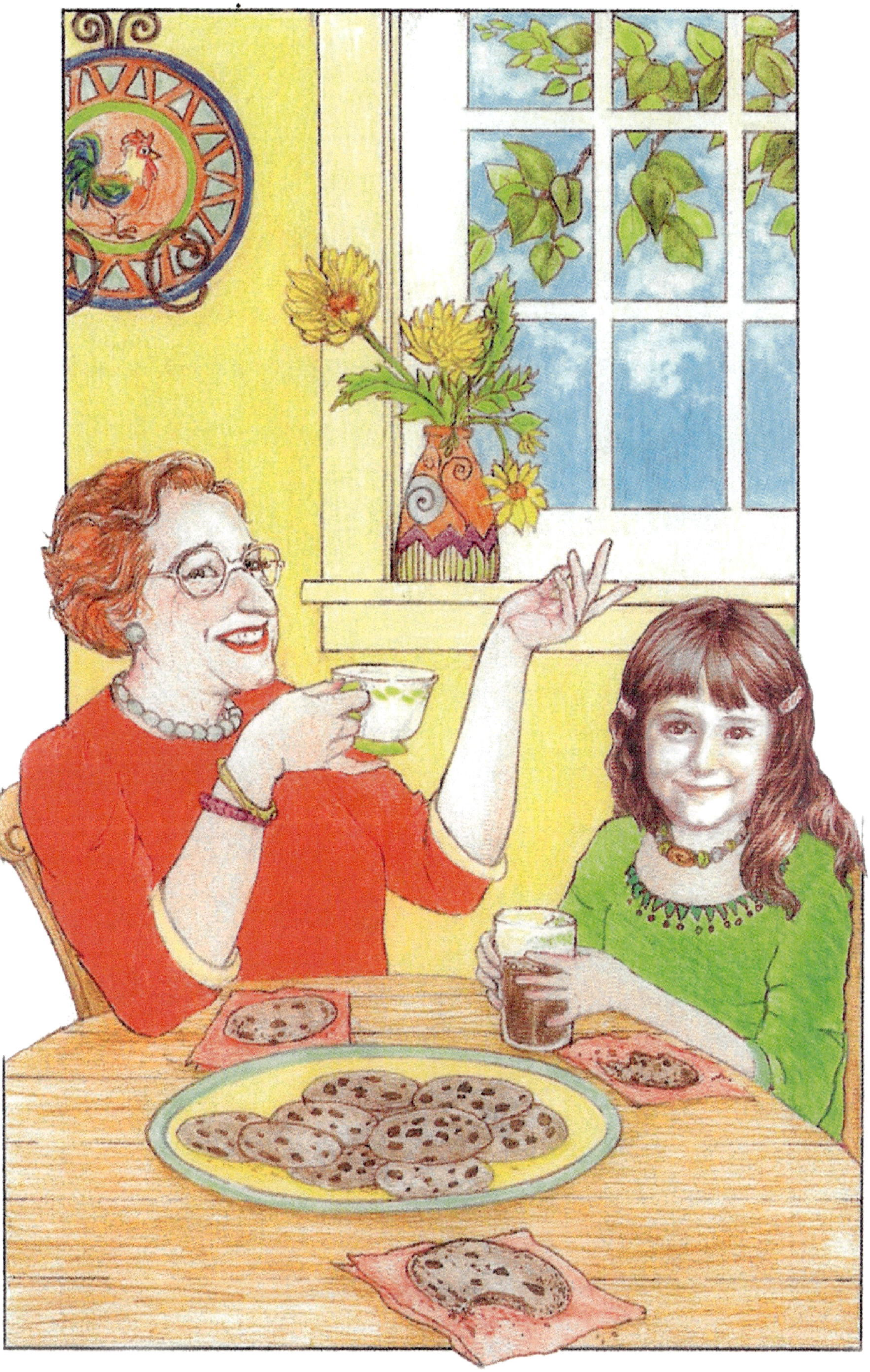

She tells me funny jokes. The jokes make me laugh in such a loud voice that I fall off the couch and roll on the floor.

*****

Ella me cuenta chistes graciosos. Los chistes me hacen reír tanto que yo me caigo del sofá y me revuelco en el piso.

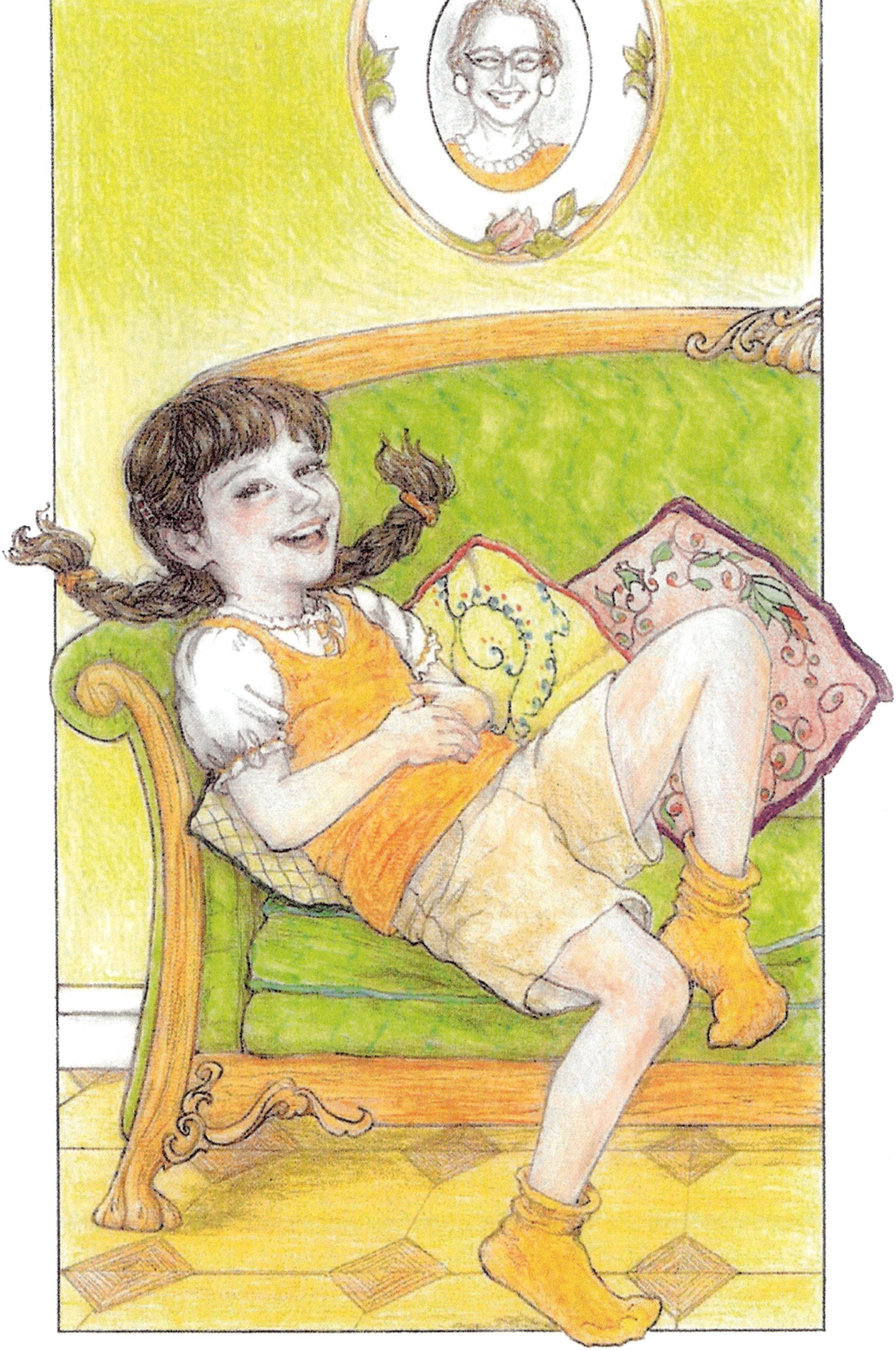

Three weeks ago, we visited my Grandma Rose.

*****

Hace tres semanas, nosotros visitamos a mi abuela Rosa.

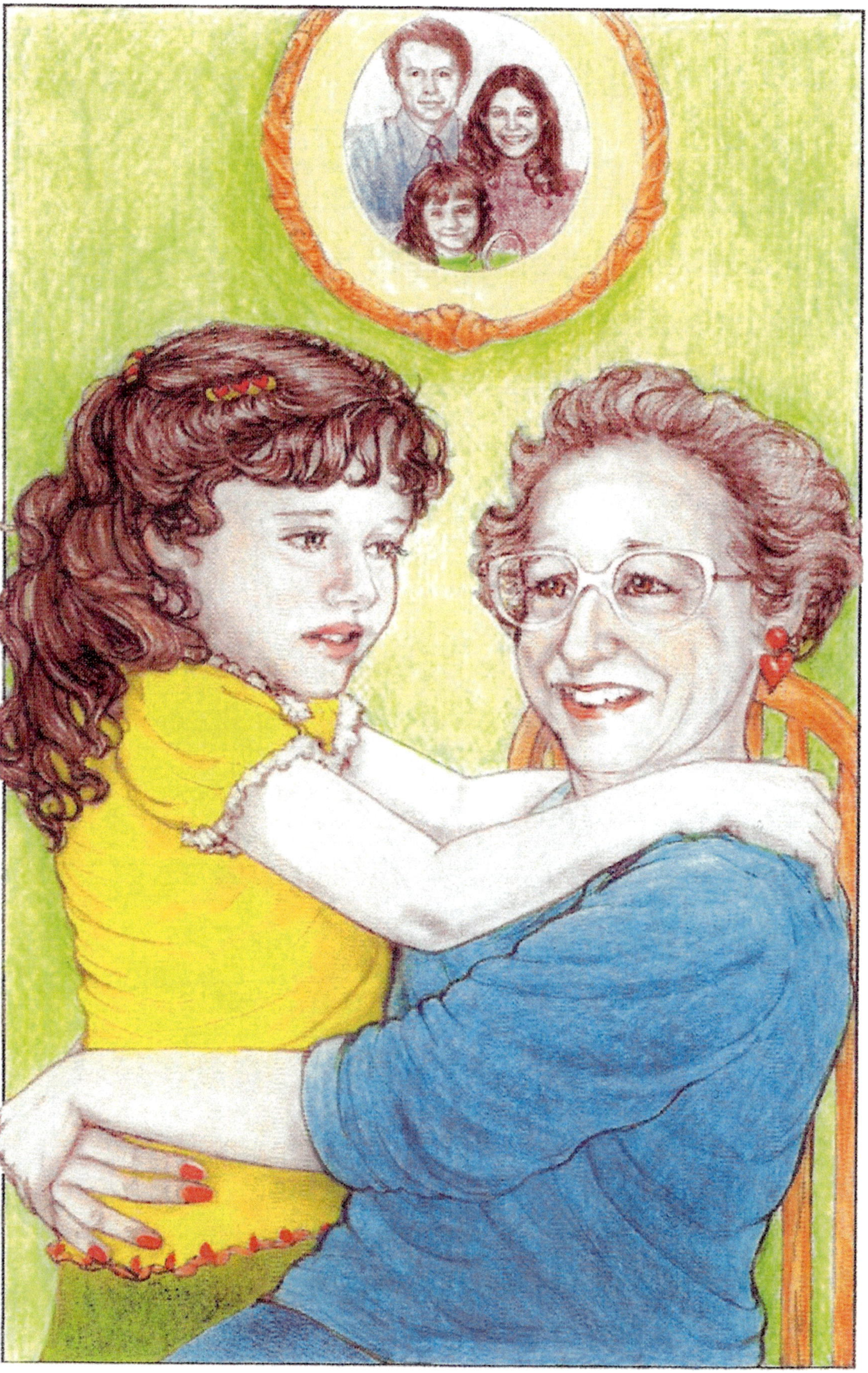

She did not smile.
She did not make cookies.
She did not tell funny jokes.
"What's the matter, Grandma Rose?" I asked.
"I have a lot of pain in my back."

*****

Ella no sonrió.
Ella no hizo galletas.
Ella no contó chistes graciosos.
"¿Qué pasa, abuela Rosa?" le pregunté.
"Me duele mucho la espalda."

Father is a mailman.
He said,
"I walk each day to deliver letters
and my back does not hurt.
Rose, you must walk
every day."

*****

Papá es cartero.
Él le dijo,
"Yo camino cada día para repartir las cartas y no me duele la espalda. Rosa, debes caminar todos los días."

Grandma Rose dressed in short yellow pants and a yellow top.
She wore a yellow cap to keep the sun out of her eyes.
She walked and she walked.

*****

La abuela Rosa se puso pantalones cortos amarillos y una camisa amarilla. Llevó una gorra amarilla para impedir que el sol entrara en sus ojos.
Ella caminó y caminó.

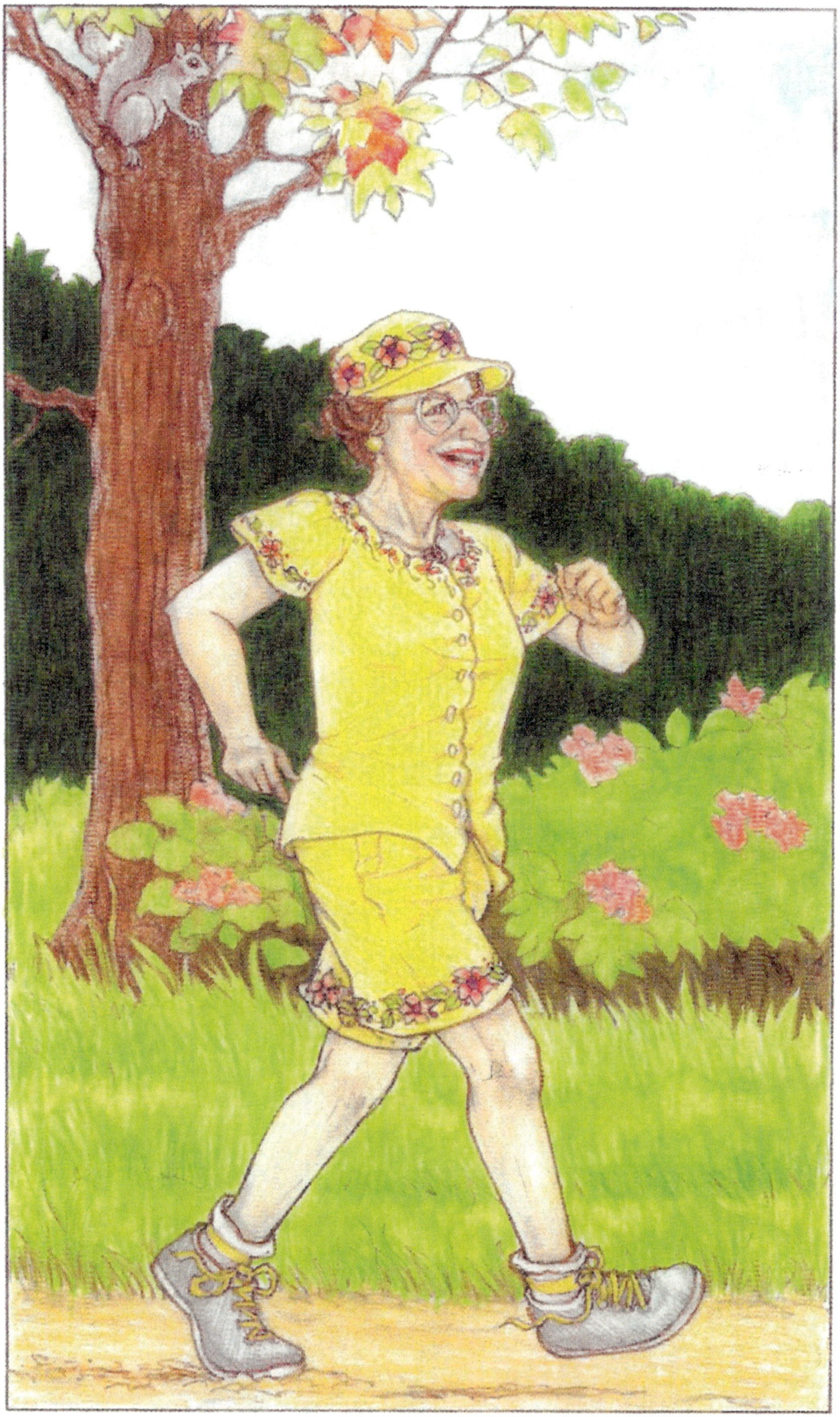

The following Sunday, we visited my grandma Rose.

"Grandma Rose," I asked.

"How do you feel?"

"My back still hurts," she said. She did not smile.

She did not make cookies.

She did not tell funny jokes.

****

El domingo siguiente, nosotros visitamos a mi abuela Rosa.

"Abuela Rosa," pregunté yo,

"¿Cómo te sientes?"

"Todavía me duele la espalda," Ella dijo. Ella no sonrió.

Ella no hizo galletas.

Ella no contó chistes graciosos.

Mother is a dancer. She said, "Mom, you must dance. I dance each day and my back does not hurt."

*****

Mamá es bailarina. Ella dijo, "Mamá, tú debes bailar. Yo bailo cada día y no me duele la espalda."

Grandma dressed in a red leotard and put red bows in her hair. She went to dance class.

*****

Abuela Rosa se puso un leotardo rojo y ella se puso cintas rojas en el pelo.

Ella fue a la clase de baile.

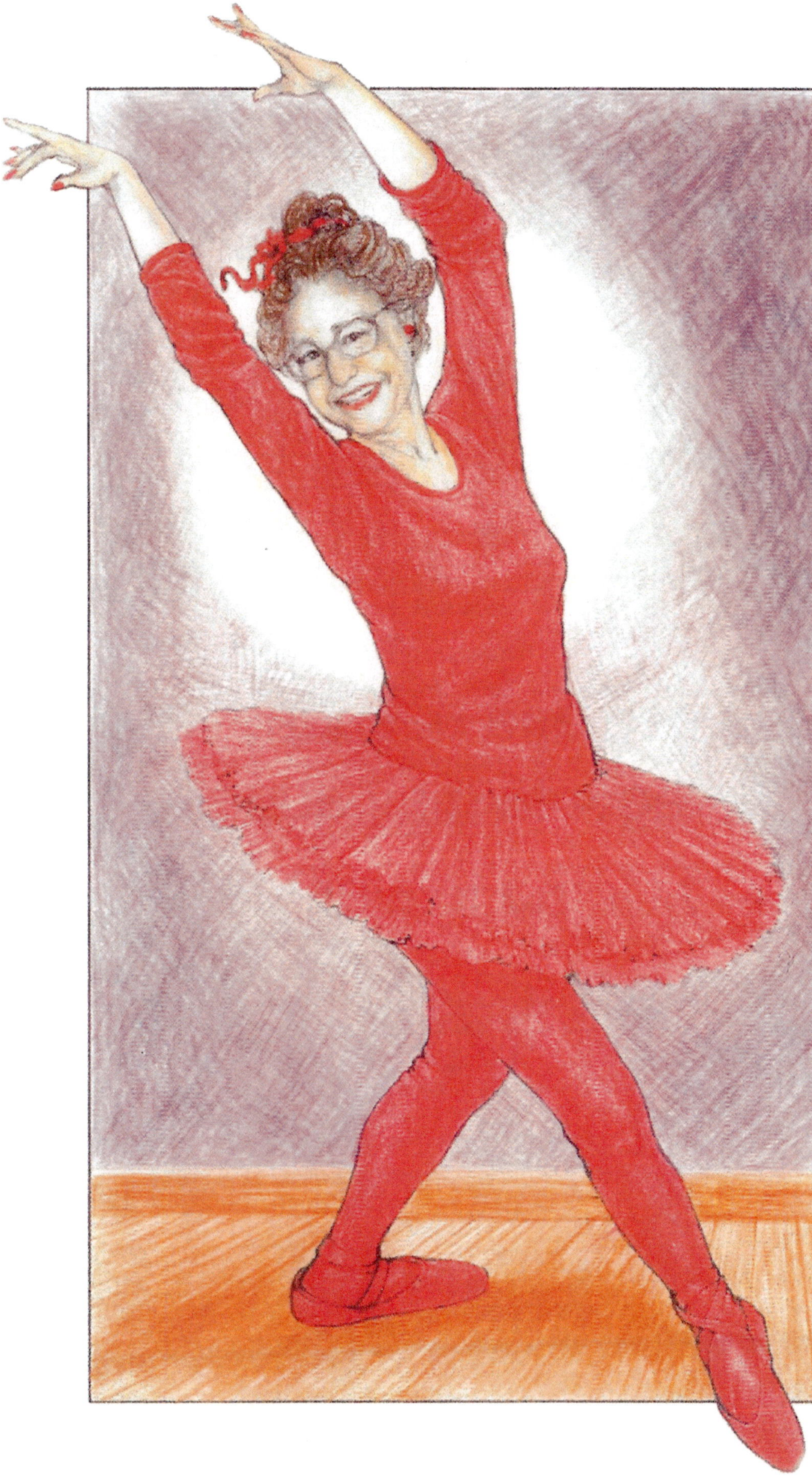

Last week, I asked my grandma, "How do you feel?"
"My back still hurts."

*****

La semana pasada, yo le pregunté a mi abuela, "¿Cómo te sientes?"
"Todavía me duele la espalda."

"Grandma Rose, I think I know why your back hurts."

*****

"Abuela Rosa, creo que yo sé por qué te duele la espalda."

"Danielle," said my father, "If we are not able to help her, how are you able to help her?"

****

"¿Daniela," dijo mi papá, "Si nosotros no podemos ayudarla, ¿cómo sabes hacerlo tú?"

"Because I am a smart detective and a clever doctor!"

*****

"¡Porque yo soy una detective inteligente y una doctora lista!"

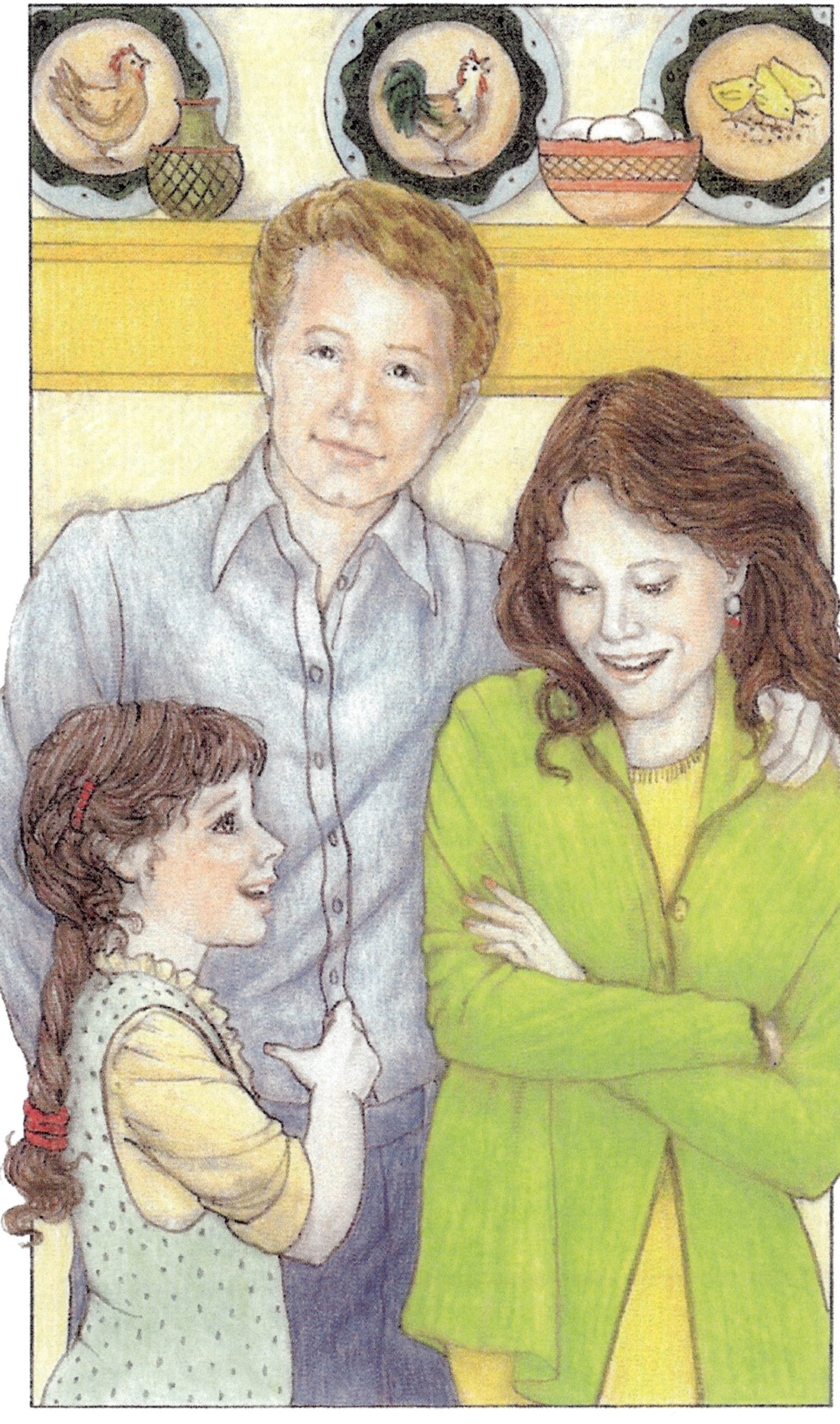

"Grandma Rose, what do you do each day?"

*****

"¿Abuela Rosa, qué haces cada dia?" yo le pregunté.

I read books. I go shopping with my friends. I cook breakfast, lunch and dinner.
I clean the house.

*****

"Yo leo libros. Voy de compras con mis amigos.
Yo prepare el desayuno, el almuerzo, y la cena.
Limpio la casa.

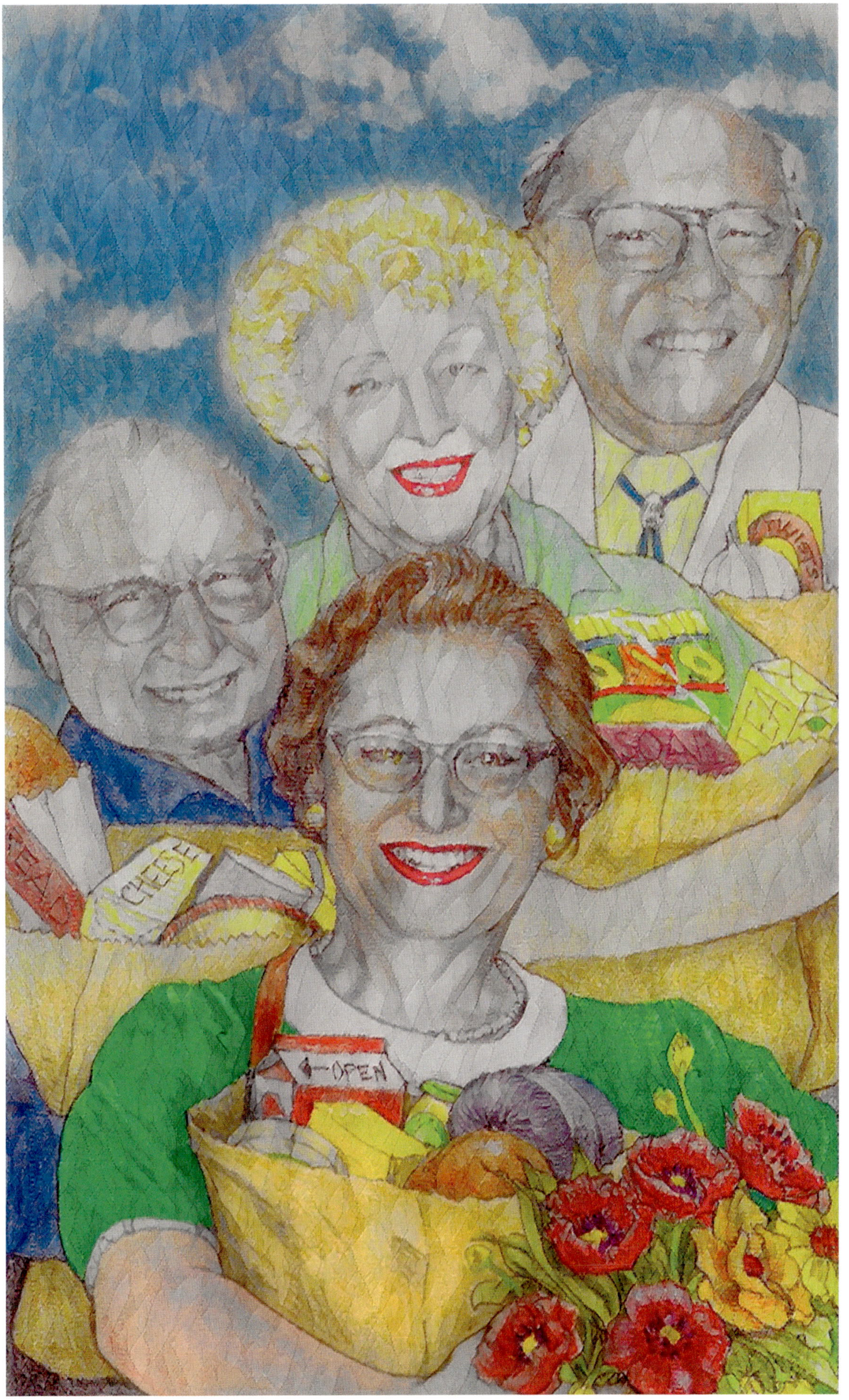
CHEESE
OPEN

"Do you sweep the kitchen floor?"
"Of course," she said.

*****

"¿Barres el piso de la cocina?"
"¡Por supuesto!" dijo ella.

"Grandma Rose, sweep the floor."
"Silly girl!" The floor is clean.
"It is important!"

*****

"Abuela Rosa, barre el piso."
"¡Niña tonta!"
El suelo está limpio.
"Es importante", dije.

What happened?

*****

¿Qué pasó?

"The mystery is solved! You are tall but the broom is short. When you sweep the floor, you bend over. That is the reason you have a pain in your back! You must buy a new broom."

*****

"¡El misterio está resuelto! Eres alta pero la escoba es corta. Cuando barres el suelo, te agachas. ¡Esa es la razón por la que te duele la espalda! Debes comprar una escoba nueva".

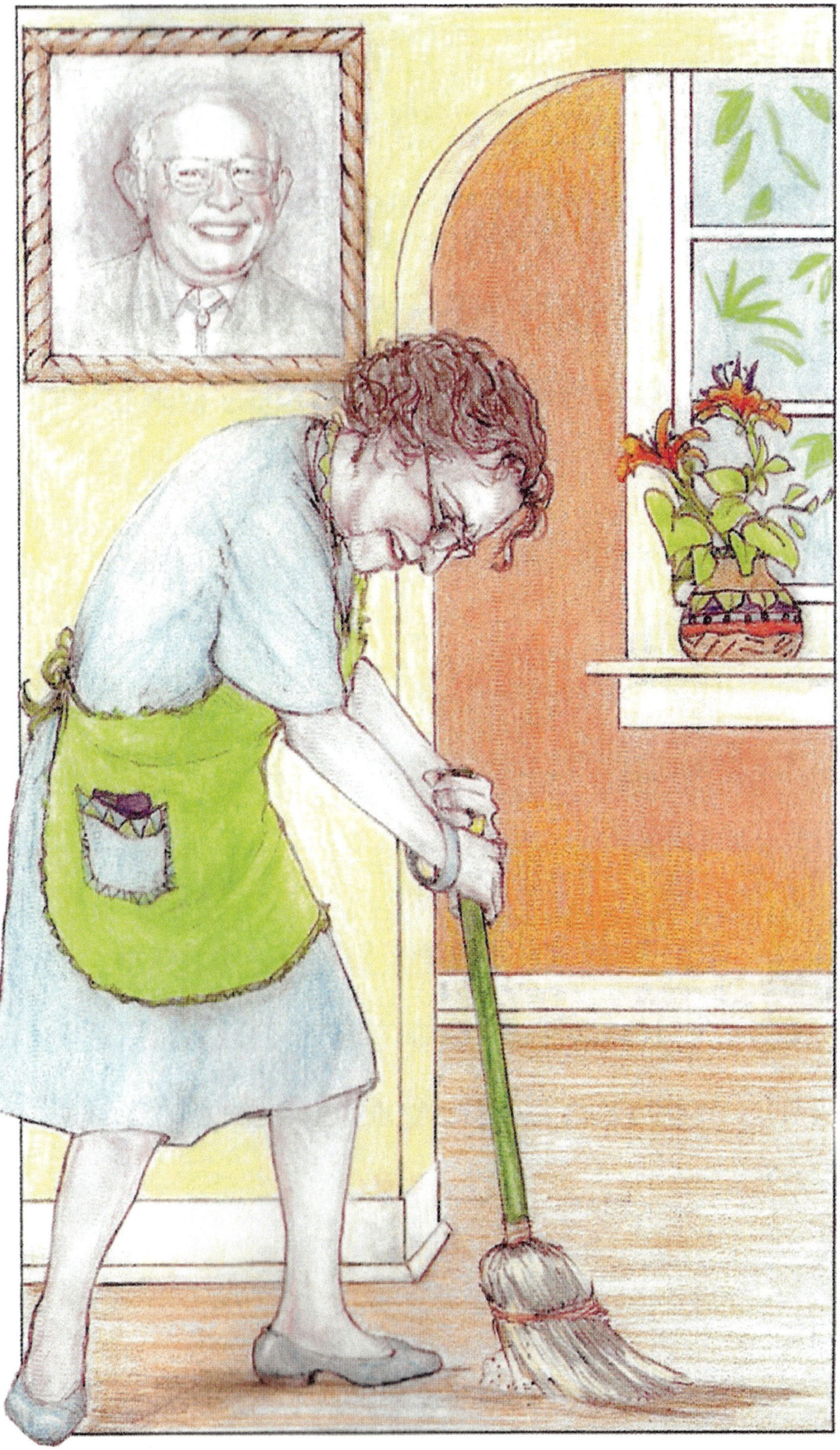

"You are a smart detective!"
said my father.
"You are a clever doctor!"
said my mother.

*****

"¡Tú eres una detective inteligente!"
dijo mi papá.
"¡Tú eres una doctora lista!"
dijo mi mamá.

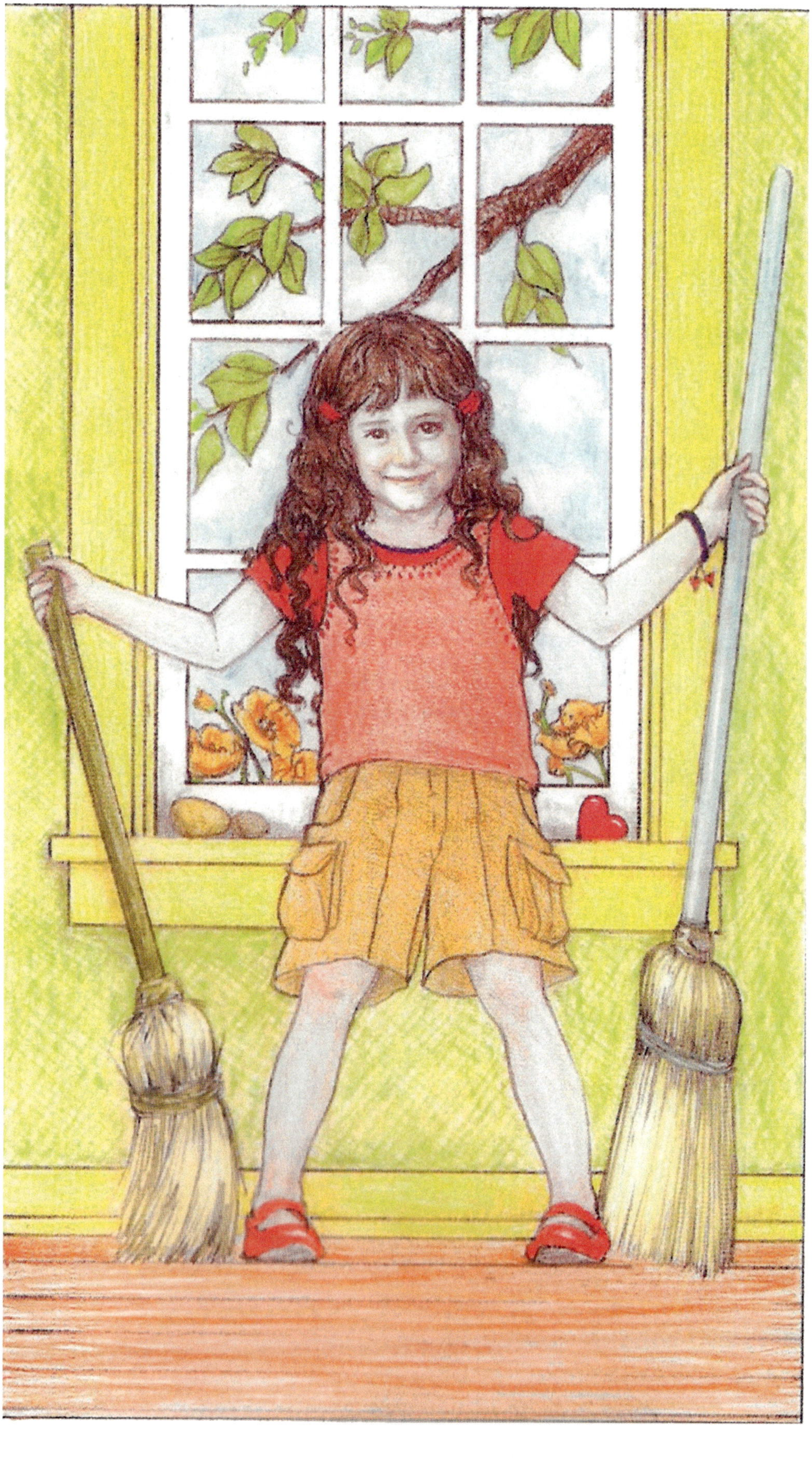

Today, we visited Grandma Rose.

*****

Hoy, nosotros vistamos a mi abuela Rosa.

""Danielle, you are the best granddaughter in the whole world! I made delicious cookies and here is a glass of chocolate milk."

*****

"¡Daniela, tú eres la major nieta del mundo entero! Hice galletas deliciosas y aquí tienes un vaso de leche con chocolate."

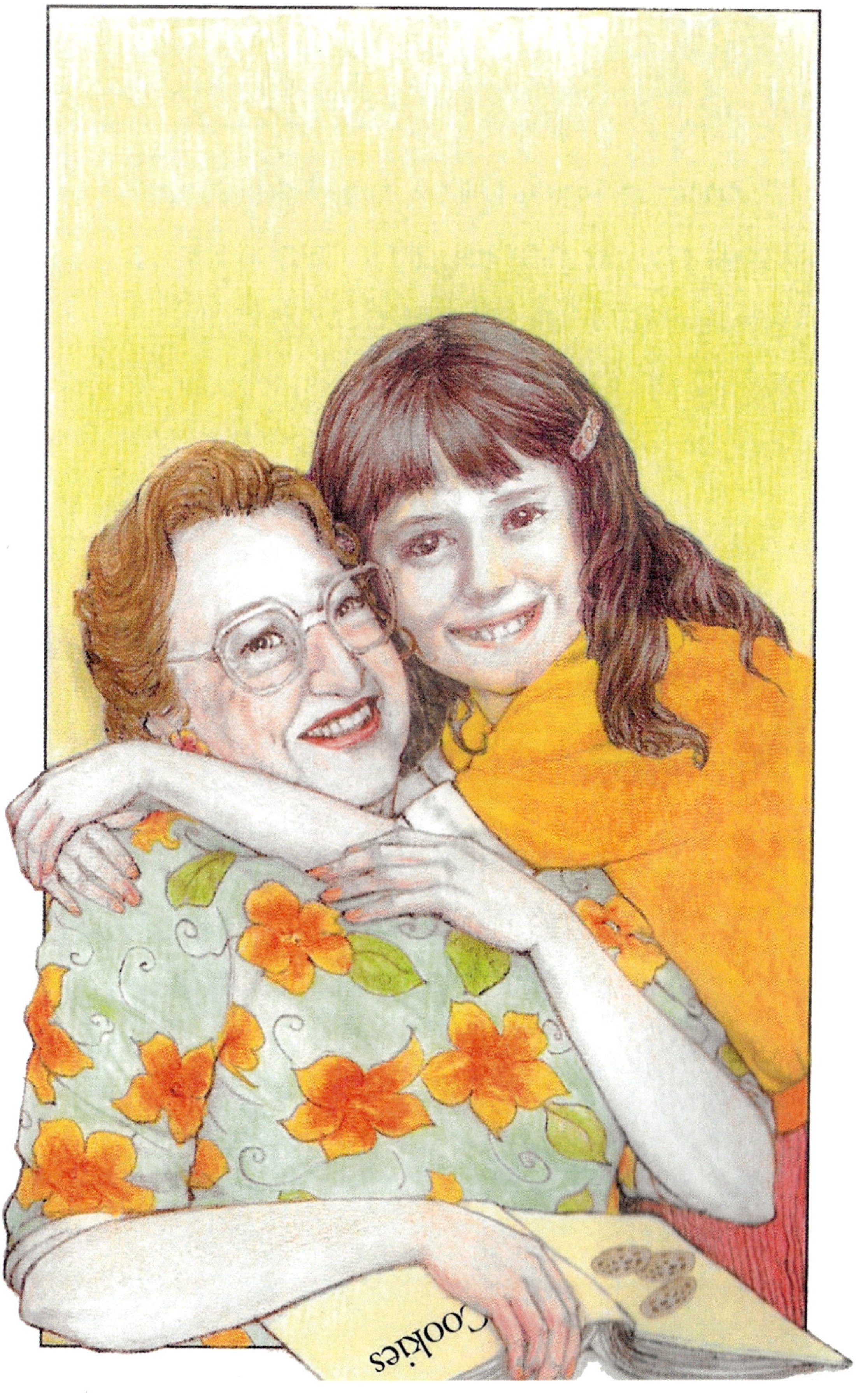
Cookies